Die LYRIKEDITION 2000 wird herausgegeben von
Heinz Ludwig Arnold

Das Buch

»er mag es: das Dunkle, die Melancholie
er kann es: die Pointe, den Abschluss, das überraschende Bild
er trifft es: das Lied, den Takt
da spielt er: mit Fernsehern, Pixeln, zwischen Ich und Du
da berührt er den ›stotternden Film auf der inneren Brustwand‹
Schleichwege des Gedankens, des Auges, der Erinnerung –
da frage ich mich in seinen Bildern – wie er sucht verliert sucht –
eben da ist das Gedicht«

Ulrike Draesner zu den Gedichten von Florian Voß

Der Autor

Florian Voß, geboren 1970 in Lüneburg, brach 1986 die schulische Ausbildung ab und war in den folgenden Jahren als Filmvorführer, Diskettenkopierer und Kellner tätig. 1990 zog er nach Berlin und arbeitete dort u. a. als Werbetexter, Kunstkritiker, Filmplakatmaler und Barkeeper. Außerdem war er Mitarbeiter bei »lyrikline.org«, literaturWERKstatt berlin. Er veröffentlichte in Zeitschriften (u. a. »EDIT«, »ndl«) und in der Anthologie »lyrik von jetzt«, Dumont (2003). Er erhielt 2001 das Arbeitsstipendium des Berliner Senats für Literatur.

Florian Voß

Das Rauschen am Ende des Farbfilms

Gedichte

LYRIKEDITION 2000

Weitere Informationen über den Verlag und sein Programm unter:
www.lyrikedition-2000.de

Bibliographische Information Der Deutschen Bibliothek

Die Deutsche Bibliothek verzeichnet diese Publikation in der Deutschen Nationalbibliographie; detaillierte bibliographische Daten sind im Internet über <http://dnb.ddb.de> abrufbar.

© 2005 Buch&media GmbH/LYRIKEDITION 2000
Umschlaggestaltung: Bauer+Möhring, Berlin
Herstellung: Books on Demand GmbH, Norderstedt
Printed in Germany · ISBN 3-86520-105-9

*Für Meike
in Liebe*

0. Nullpunkt

SAATGUT

Grund zu Leben
Nicht dass ich wüsste

Den Kopf in
die Schraubzwinge
Vergangenheit geklemmt

Schon im Kindergarten
die Hände zu
Blumen verkrüppelt

So schöne Sandförmchen
in die Augen gezackt

Und das graue Haar
der Kindergärtnerin
in der Kehle

Wella-gestärkt
Rosshaar in meiner
Kissenbrust

Ich möchte auch so
ein Steifftier sein

O. T.

Mein Geburtshaus ist entkernt
Ich spreche keinen Dialekt

Zuhause bin ich ausgezogen
nach Hause kehr ich wieder ein

Das Mädchen und die Mutter
mit einem dunklen Blumenstrauß

Im Zug lehnt ich mich aus dem Fenster
und habe von der Luft gegessen

Sie war so kühl und bitter
sie schmeckte mir nach Rauch

1. Nachtbrand / Tagasche

KAMMERMUSIK

Ein geisterhaftes Spiel
sich in die Asche zu rieseln
An den letzten Funken
ein anderes Selbst erwärmen
Im Genick eine Unsichtbarkeit
den Hahn zwischen die Zeiten gespannt
Rost in der Haut
Jede Pore eine Kammer
In jeder Pore eine Kugel
In jeder Kammer Dunkelheit

In der Rückkoppelung des Erlöschens
(am Ende des Farbfilms
am Ende der Stereomusik)
ein Dopplereffekt des Ichs
Gezurrt das Geschirr
zwischen mich / zwischen mir
und dem auswändigen Ich
Zerbrochen die Wände der Worte
Hohlkörper ohne Klang
Zerbrochen bis auf die Fundamente

Zwischen dem Taktschlag

Strahlende Nächte
aufgereiht an den Straßen
RückSpiegelbilder
in der Stille zwischen
dem Taktschlag des Metrums

Die Benzintiere schlafen
Die Nächte verblenden

Das Kopfarchiv staublichtig
die Seiten geschwärzt
von Kante zu Kante
(Und sind die schwarzen Zeichen
nicht ein Zensorenstrich für sich?)

(Ich schreibe schon in fremden Büchern)

(Durchhängend die Blätter
Last der Druckschwärze
Schwarzer Schnee)

(Auf den Straßen
durchgeschmorte Negative
in industriellen Projektoren)

PERGAMENT

Die Müdigkeit ist mir aus dem Körper geflohen
Die Sterne sind vom Himmel gesunken
und haben sich in meiner Brust verkrochen
dort brennen sie nun
Jetzt drängt der Himmel zum Morgen hin
und sprüht Licht durch die Vorhänge
Meine Haut frisst das Flimmern
des Fernsehers in die Poren

Aus dieser Hautlandschaft
mit ihren Verwerfungen und ihren Faltungen
(Das Fleisch aus tektonischen Platten)
aus dieser Haut macht man Pergament
Auf dem Pergament liegt ein Leuchten
Lichter von Fernseher und Dämmerung
die durch die knittrigen Vorhänge fällt
Dieser gegerbte Stoff, der Falten schlägt
Und dahinter die Krähen
die sich in die Morgenluft schrauben

Schlaflied

Am Morgen
(Die Glocken
läuten die Stunde
Ein Sprung ist im Ton
Klangwiederholung
Verkantete Zeit)
Erwachen
(Die Augen mit
Wachs überzogen
Das Reiben der Finger
erzeugt ein
erbärmliches Quietschen)
Die Schwierigkeit
lebendig zu werden
nimm nicht zu ernst
Zerstört sind die Bilder
Zerkratzt das Papier
an den Wänden
Zahlungsmittel nur
im inflationären Verkehr
entwerteter Träume
Aber ich bin ja schon wach
»Wir dürfen nicht schlafen
sonst wachen wir auf
und sind jemand anderes«
Aber wer ist das schon
jemand anderes?
Maître Rimbaud reicht
über den Schlaf hinweg
(Die Wellen des Schlafes
die Dünung, der Sand)
Handfeuerwaffen
Am Morgen das Licht
die leuchtenden Bilder
(Das Zischeln der Tauben
das Singen der Wagen

das Rauschen
des Asphalts
der Straßen
das Möwengekreische
der Hochbahnwaggons)
Ist es nicht leicht
lebendig zu werden

TAGELIED I

Dann lieg ich dort und lausche
dem Morgenflug der Tauben
Direkt hinter den Fenstern
die Hysterie der Spatzen
Ich höre gern den Klang der Welt
wenn du hautnah bei mir liegst

Als sie gegangen war
ging ich in meinen Kopf
und durch den Bogen meines Schädels
Als sie gegangen war
sah ich den Tag zwischen den Bäumen
der hangelte die Äste lang
Die Äste waren Falten
in körnig blauer Luft

TAGELIED II

Vor den schwitzenden Fenstern
das flachgeschlagene Blau
zwischen die tropfenden Äste gespannt

Bewegungslos in der Lichtschneise
der Körper in den Decken

Der graue Duft des Abends zuvor

TAGELIED III

Am Morgen
unter einem blanken Himmel
ist es ein Leichtes
dem Tod
in die Gedichte
zu schreiben
mit einem Stift
dessen Tinte leuchtet
Bald geht die Sonne auf
streckt sich
in die Häuserkanäle
und lässt das Grün
deiner Augen
noch grüner werden

Ein bestaubter Nachtfalter
die Flügel mit Sicherheitsnadeln
ruhig gestellt
starr und schön
Aschig bepudertes Grün

Später fahren
nervöse Wagen
aus Teltow-Fläming
unter seifigem Himmel
ohne Ziel Richtung Westen
Die Supermärkte an den Ecken
ziehen frische Kleidung an
Die morgendlichen Hunde
schleppen müde
ihre Herren durch die Straßen
Niemand erwacht um halbsechs
Alle schleifen sie nur
mit gläsernen Augen
ihr Schicksal zur U-Bahn-Station

FETZEN

Die Fräse im Kopf
Das Mittagseisen am Hals
kühl und schwer und oxidiert
Der Oxigenüberschuss
vor den Mündern der Frauen
auf den Hauptstraßen
Und das Hecheln ihrer Augen
unter einem Himmelsschmutz
aus Kleiderfetzen
– regendurchtränkt –
rags to rags
dust to dust

BLINDBAND

Draußen auf den Straßen: Tauben
Das Wetter macht sie träge
Der Luftdruck presst sie
unter die Autoreifen
Im ganzen Bezirk Taubenleichen
Federn in einer Abfall-Masse

Später in der Küche sirren die Falter
Richtung Glühbirne / Raumschiffe
Ein Zischen in der Sonne
Geruch von Gegrilltem
Aus dem Hintergrund unlesbare Zeilen
eines Fernsehers / Kontrastarm
Musiksendungen der 80er Jahre / Knattern
Endlosschleife – die letzten 15 Jahre:
Blindband / Jetzt wieder Bild und Ton
Hab ich das nicht schon im Kopf:
das Blubbern der Synthesizer
das Zischeln der Nachtfalter

Hab ich das schon / Ist mir dieses graue Flimmern
Wieso kreist denn / Was ist denn eigentlich
in der Schädelschüssel / Kann das denken
Ist das Ich / Bin das Ich / Hab ich nicht
die Kopfeingänge offen / Ist das denn
nicht Struktur in meinen Augen
Springt das nicht / Springt das mich nicht
Springt das nicht aus mir heraus?

Jetzt sind die Falter tot
Und die Tauben mit ihren Echsenaugen

Das Zimmer / Die Jahre

Das Bett Das Zimmer
Und der Raum zwischen den Wänden
In meinem Kopf Synapsenklicken
Augen – Ost / Hinterkopf – West
Ein Klick Ein Plus Ein Minus

Das Bett Das Zimmer
Die kalte Decke auf dem Fleisch
Herzrose Windrose Ost West
Ein Korb Blüten der Körper
vertrocknet / die Flüssigkeiten
in den Röhren den Därmen
Nord Süd Und das Weglose

Das Bett Das Zimmer
Und der Kopf mit den Augen
Das Dunkel in den Ecken

Pulsschlag

Fettgeblasene Nacht
Das Metallgeknatter des Himmels
und unverständliche Bilder
auf den Augen, in den Augen, dahinter
aufgehängt zwischen den Vorstellungen
die den Kopf zusammenziehen und auseinanderdrücken
Und das RedeRäderwerk der Münder
Und ein Beat / Noch ein Puls
Den Lufttrichter ins Ohr gesteckt – um die Musik
und das Klirren und das Rauschen / Kein Tonstreifen mehr
Kein Rasseln in der Blendungsmaschine
Wenn mein Herz ein Lichtapparat wär
der Sonnenflecken spuckt / Und Schatten Und Schatten
Ein stotternder Film auf der inneren Brustwand

Zwischen den zerkratzten Gesichtern
schwerer Vinylplattenbeat im Pumpwerk der Nacht
Und schließlich der Mond – zerteilt vom Fensterkreuz
hinter dem die Straße schweigt

2. Im Winter

I

Ich spreche mit mir im Winter
vom Winter aber der Winter
ist dieses Jahr nicht in mir
In mir ist Silber ist Asche

Die letzten alten Blätter
hängen an den Eichen
blickdichter Honig
vor dem Milchglas-Himmel

Ich spreche vom Winter
im Winter und gieße
den Sommer in den Rinnstein
die Melasse des Herbstes
zwischen das Laub

II

Das Winterzimmer
ist mit Gelbharz angefüllt
Durch die schwarzen Fenster
tropft die Nacht
Und eine Ahnung von Schnee
liegt auf den Lindenzweigen
im dunkelgestrichenen Hof
Die Wolken sinken
und decken den Herbst
die Blätterwellen zu

Das Winterzimmer
ist mit Kohle angefüllt
glänzend und schwarz
liegen die Briketts
unterm Lattenrost
und warten auf ein Schwefelholz

III

So kalt das Eisen
und Schnee auf dem Appellplatz

Hinter der hohen Mauer
(oder war es ein Zaun durchlässig
dem Licht entgegen geneigt?)
(War die Mauer niedrig
kaum höher als ein Kind?)
Hinter der Mauer weit
über dem Feld meines Gesichts
(Meine blauen Augen
waren sie grün?)
Hinter der Mauer drei Bäume
keine Ulmen keine Weiden
nur Bäume die sich über
die Mauer in den Winter lehnen

(Hier im *Jetzt* knistert das Holz
im Fernsehn / im Nachtprogramm
pixeln die Scheite)

IV

Ein kalter klarer Wintermorgen
die Sonne ein Stück Blech
Winter, wie man so sagt
Winter ist das Wort
Unterm Tagstern kalt
Moossporen im Wind
Tundra ist das Wort
Kalt, wie man so sagt
Und drei Schneewölfe gefüllt
mit gehäckseltem Stroh
gelb unterm staubigen Fell
Im Naturkundemuseum
äugen sie mit klarem Blick
nach den Besuchern
die in Vorhallen frösteln
trotz ihrer Mützen, ihrer Mäntel
ihrer pelzgefütterten Schuhe

3. Betrachtungen im Holozän

Und das Gestern

Wenn man nur wüsste wieviel Zeit
Und das verdünnte Blut
das wässriger wird
von Generation zu Generation
Nur 200 Frauen und Männer
seit der Bronzezeit
Die könnte man pferchen
in ein Kleinstadt-Theater
Ich könnte berühren
die Gesichter der Ahnen
der Specksteinschnitzer
Schamanen, Flachlandbauern
(fett und neidisch
auf den Bruder Kain)

Wieviele Zelte abgebrochen seitdem
Wieviel Leder vernäht seitdem zu Zelten
Wieviel Leder geglättet zu Pergament
Soviel Zeit Wieviel Zeit
Und das Gestern schon Schemen

BETRACHTUNGEN IM HOLOZÄN

Die Zigarette ins Sauriergebiss geklemmt
schärfe ich mit dem Buttermesser
meine Eidechsenkrallen
herübergerettet aus dem Mesozoikum

Die Leuchtschrift auf den Häusern
blinkt Trias, Jura, Kreide
blinkt Trias, Jura, Kreide

Roter Ocker auf den Beinen
Weiße Asche auf der Stirn

Die trüben Affenaugen brachte ich
ins Holozän, und sah mit ihnen
den Rauch der Zigarette kräuseln
in Schlangenpfaden hin zur Decke

Die Regentropfen schlagen
auf das Fensterbrett den Rhythmus
Plio- Pleisto- Holozän
Plio- Pleisto- Holozän

Homo Sapiens Sapiens

Im Zellkern
die Furcht der Ratte
vor der Echse
Die Haare hochgesträubt
vor dem heißen Atem
eines Drachens

Auf dem emaillierten
Weiß der Badewanne
das Zucken schwarzer
Beine einer Spinne
Äonenalt ihr Tod
im Gebläse des Staubsaugers

Im Zellkern
die Furcht des Mastodonten
vor dem Feuer
vor der Dunkelheit

Die Schaben
hinterm Küchenherd
Die Fettrückstände
von Gekochtem
Gesottenem, Verbranntem
Der süßlich-herbe Gasgeruch

Im Zellkern
die Furcht des Affen
vor der Weite
eines Himmels
vor der Enge
einer Felsspalte

Die Wolken gegossen
in die Wasser des Himmels

Die Pappeln im Innenhof neigen
ihre Kronen hin zum Wasser
umgekehrte Trauerweiden

Für Ariadnes irre Schwester

Gesalbt mit Stierblut
die Hoden staubgefüllt
sitze ich im roten Sessel
Plüsch, Kapok und Federkern
Relikt der Adenauer-Ära

Natronkalk und Pechharz
in die Haut getrocknet
mumienhaftes Dörrfleisch: Ich
Mit gespannten Lippen
über abgekauten Zahnstumpfreihen
Mir entsteigt der Rauch
der Zigarettenmarke »Nil«
Die Hände habe ich verschränkt
in stiller Klage um die Lebenden

Die Stierhörner versteckt
zwischen den Rippenknochen
Hauturne für den
Staub der Seele: Ich
Von Ra zu Nyx
von Nyx zu Ra
Kantig stolpernd durch die Zeit
Unentwirrbar dieses Knäuel
als wäre die Geschichte
Ariadnes irre Schwester

Ein Sprung über den
Rücken eines Stieres
brachte mich
zum Festland hin
in neue Labyrinthe
Wo man mich schließlich
trocknen ließ
im Schoss der Nacht

Der Staub stob in der Mittagsglut
Von Ra zu Nyx
von Nyx zu Ra

Hier sitz ich nun in meinem Sessel
aus rotem Plüsch, Kapok und Draht
Die Zigarette Marke »Nil«
schon abgebrannt bis auf die Finger

Muspilli-Jetzt

Schwarze Sterne über uns
im Hag des Himmels
Berge, Wälder unter uns
Höhlenaugen haben wir
schwarze Gründe
Geschichte saugen wir
aus Hörnern, Zitzen
Morgensterne, Dämmerungshimmel
Eisenkraut in unseren Herzen

Dakota-Territorium, 1863

Es ist schwer das Blut zu trinken
das noch warm ist
man schmeckt zu sehr
das Leben
im roten Körper, im Sand
auf der weiten Ebene
der Schatten eines Vogels
die Federn am Kopf des Roten
geknickt
der Schädel zerklüftet
Farmer sind wir
wir stemmen den Pflug
in die Furche
da wächst nichts mehr
auf der Ebene
um den Körper
nur Sand
Auf dem Schatten des Körpers
der Schatten des Vogels

ABSTIEG

Im Treppenhaus das Déjà-vu
in einer Hölle längst zu sein
den Blick geschärft für
Wasserflecken auf den Wänden

Auf der Straße unten sehe ich
den Blick nun himmelwärts gedreht
den fetten Mond zu nah bei mir

Ein Wasserstrom zwischen den Häusern
An roten Mauern lehnen
zwei junge Frauen, starres Holz

Die Nachtbar in der Häuserwand
drückt Lichtschein aus den Fenstern
Am Tresen streicht der matte Arm
am Holz entlang und fühlt es nicht

HUNDSBEAT

Das wissen wir ja schon
dass Bärenwut
nur Atavismus ist
bei Technotänzern:
In ihrem Hundezorn
der sie ums Feuer treibt
Die Fußsohlen durchschlagen
vom schweren Beat der Nacht

Das wissen wir ja schon
dass sie am dritten Morgen
liegen werden
in den grauen Betten
zu müde jetzt
mit Fangzähnen zu reißen
die Wachshaut ihrer Frauen

Das wissen wir ja schon
dass ihnen alle Kraft verloren ging
Die Hundsköpfe nun müde liegen
in aufgebauschten Federkissen
Und ihren Lefzen nur ein Laut entflieht
Die Wolfsquinte im Breakbeattakt

HOMUNKULUS

Die Blutkartuschen des Körpers
ummantelt von Ton
Die Glieder starrgebrannt
Die Augenlider rissig
Auf die Stirn gedrückt
das Siegel des schwarzen Mannes
Eins Zwei Drei Vier Eckstein
alles muss versteckt sein
zwischen den Bäumen
im Apfelgarten
unter den Steinen
zwischen den Asseln

Die Schlick-Pupillen
auf Augenhöhe
mit dem Ameisenhügel
in den verfaulte Äpfel
geregnet sind

Die Glasur meiner Tonfinger splittert
Den Mund geöffnet – den Blick
auf die Pfade aus schwarzem Chitin
Zertretene Kolonnen
Vereinzelt zuckt noch
ein Insektenbein
In den Kartuschen dickt das Blut
Still jetzt
Die Bewegungen werden müde

4. IkonoCluster

Pathologie

Die Waschbecken
aufgebrochene Brustkörbe
in den rotesten Ecken
des mittaglichen Damenklos
Totstarr die Fliegen
auf lackiertem Fensterbrett
Im Dunst der Flüssigkeiten
ein Rundumschlag der Sonne

Die Zeichen an der Kachelwand
singen von den Illusionen
des unverfälschten Augenblicks
des absoluten Ficks

Rote Schatten unter Schüsseln
voll von feuchtem Klopapier

Ikone

Die Augenschlitze gezurrt ans Jochbein
Paraffin in den Poren

Die Vorstellung: Eine Schere schneidet
die Hirnhemisphären – den Grat
zwischen linker und rechter Sektion
Die Ganglien schnalzen gen Himmel

Süß schmecken die Lippen der Toten

LIEBESLIED

Mit zusammengeklammerten
Körpern zwischen den
Straßenufern treiben
Dieses Nebelglockengestöhn
der Kirchen pulsiert von
einer Körperwand zur anderen
Und das Schweigen der Häuser
die sich hinter unseren
Rücken verstecken
und vage lächeln
mit ausgeschlagenen Zähnen

WEISSMILCH

Und auch Papier ist nicht geduldig
wenn es regungslos auf Tischen liegt
(Teebefleckt in Weißmilchpfützen)

Und unten in dem Flur das graue Licht
auf winterharten Scheiben
Nur tropfenweise auf den abgewetzten Steinen
Gänge Flure Treppenfluchten
(In dem Moment der Schwächlichkeit)
Hinausgejagt in die Unendlichkeit
der geschlossenen Passage

Immer wieder dieser tote Milchgeruch
verschüttet aus den Tetra-Tüten (wochenalt)

Und auch Papier ist nicht geduldig
Und auch Papier ist nicht unsterblich

(Die Säure in den Bögen lischt
die letzten hundertdreißig Jahre
– Glasknochenkrankheit Gutenbergs –
der flockige Papierstaub alter Seiten
Erinnerung an eine Droge
Der Rausch: Vergesslichkeit)

SELBSTLOS

Im Reich der Zeichen
sprachlos gebunden
an die Rundungen
der Buchstaben

Der haltlose Körper
gefüllt mit einer Sehnsucht
nach Riemen
an Armen und Beinen

Durch die Gesichtshaut
mit den Fingerspitzen fühlen
(Die Knochen)

Das Tasten bringt mich
zum Nichtmehrdenken

5. Im Sog der Volljährigkeit

GEDÄCHTNISPRÄRIE

Die Oma im Fettdunst
eingeklemmt im Imbiss-Stand
ein Altersheimglitzern in den Augen
In eine Kreuzung verstrickt die Bude
mit Himmelsstücken darüber
daran der erste Dämmer

Ein Kinderfahrrad mit gelbem Sattel
liegt erschossen an der Ecke
Mordskindheit – und
der Cowboy ist schon lange abgehauen
Das Fahrrad nur noch Pausenzeichen
im Sog der Volljährigkeit

JAHRMARKT

Das Schellackgedächtnis
läuft mit 78 Umdrehungen
Karussell der Erinnerung
Holzpferde mit zerbrochenen Mähnen
Und ab und an ein weißer VW-Variant
Offenes Verdeck und Kirmesmusik
An den Buden Losverkäufer
mit narbigen Stimmen
Kein Los gewinnt

Und Zuckerwatte im Kopf

VAMPYR

Schab dir die Haare
von der Innenseite des Körpers
im hintersten Winkel
einer Autogarage
Motorenöl in den Augenwinkeln

Und dann geht es hinaus
in den leuchtenden Morgen
Da liegt schon der Kirchhof
geplättet für
den Sonntagsspaziergang

Zwischen den abgeräumten Steinen
am schief gehauenen Küsterhaus
ein Vampyr auf Entzug
Den Rauch von brennendem Fleisch
im Kopf

(Und gestern das Schnalzen
der Peitsche
die den Takt schlägt
auf nackten Ärschen
zur Musik der Nacht
Aber die wird auch nur gespielt
von einer Rentnerband)

GrellSein

Bierlachen auf dem Tresen
Ein Leuchten in den Augen
alter Männer
Mit künstlichen Zähnen
die gespenstisch glitzern
in den unrasierten Gesichtern

Geruch von Desinfektionsmitteln
an einem verregneten Nachmittag

Die letzten Kondenswolken
aus den Mündern der Gäste
stehen vor den Hauseingängen
in der Luft und warten

NÄCHSTER HALT

Nagen an den Rändern der Nacht
Der ausgefranste Mond steht im Schatten

In der Mitte des Lebens stehe ich
auf einer Verkehrsinsel stehe ich

Auf den Nachtbus warte ich
wie auf eine Geliebte

LETZTE BESTELLUNGEN

Die Nacht ist an den Teer genietet
Die Straßen fließen schwarz
zwischen den Häusern
Das Nachtpuzzle liegt ausgebreitet
zwischen den Rinnsteinen
Die schwarzen Hunde synkopieren

Dann der Morgenrauch, das grüne Licht
zwischen den gespreizten Fingern
Die Fingerkuppen im Morgenwind
das Blut rauscht in den Gelenken
Zuviel und Zuwenig von Allem
Und letzte Bestellungen

UNERMÜDLICH

Diese unwirkliche Gelassenheit des Körpers
(5 Uhr morgens)
und das Rotieren der Rolltreppen
Starren Auges das Gesicht zu den Lampen
Das Summen der Transformatoren
(im Winterbogenlicht)
Ein Luftzug an der Ader des Halses

6. AquaMarin

SEEMANNSLIED

Die Taxen dümpeln leicht
auf rot gefärbtem Laub
Gondeln vor dem Hauptbahnhof
Die Fahrer haben sich die Mützen
verschlafen auf das Ohr geschoben
Die Köpfe pendeln Hin und Her
zum sanften Klopfen der Motoren

Der Sextant liegt im Handschuhfach
Die Bäume setzen Segeltuch
Die Blätter rauschen Abschiedsworte

Die Fahrer halb im Schlaf ertrunken
blinzeln übers rote Laub
Die Küste ist schon weit entfernt

Schiffsjunge

Als mein Bett ein Schiff war
und die Träume riesenhafte Wellen schlugen
im Kopf und in der Brust
die Gischt sich an den weißen Rippen brach

Als die Plüschtiere Schiffsmatrosen waren
Und der Zahnpastageschmack
die einzige Verpflegung
denn der letzte Schiffszwieback
war fest verschlossen
in Mutters Vorratsschrank

Als die Fischschuppen
im Quecksilber des Fieberthermometers schwammen
die Angelhaken jeden dunklen Traum
ins Licht der Nachttischlampe zogen

Doch das Wasser steht schon viel zu hoch
und Erinnerung löst sich im Zahnputzglas

ÜBERFAHRT

Grünes grünes Wasser
auf der Überfahrt nach Saßnitz
Was ist das schon: Die See?
Mit dicken nassen Armen wartet sie
auf einen längst verschwundenen Freier
Den Bauch gefüllt mit Fisch und Tang

Legenden stehen keine mehr
im Meeresgrunde festgeschrieben
Das Schiff treibt auf den Wellen

Die grünen Witwen stehen auf
dem Promenadendeck und streicheln
die Einarmigen Banditen:
Die Hände blind am Hebel
Die spitzen Nasen steif im Wind

Am Meer

Nachdem das Feuerwerk verglüht war
krochen Rauchwolken über den Himmel
Bräunliche Spinnen aus Schwefelrückständen
Die Lautsprecher über der Promenade
säuselten 80er-Jahre-Pop
Die Menschen gingen alle
nur in die Richtung in der
Poseidon den Dreizack
ins Firmament gestochen hatte
und Feuer hinabgeregnet war

Vor den Strandcafés
klirrten die Fahnen
Auf dem Fahnentuch stand
»Beach-Company«

7. Wanderlust

Im Schilf

Hier stehen die Wolken
säuberlich in Reihen
unter fein lasiertem Blau

Ins Marschland hingestreckt
ein alter Bahndamm
Die letzten Bohlen rissig
Abbild der Furchenhaut
des Weichenstellers
Im Sumpf der Marschen
zecht er mit den
ausgezehrten Moorlandbauern

Das Schilf flüstert sich
obszöne Schnurren zu
Dazwischen tote Vögel
sacht bewegt
im seichten Wasser
Darüber – dicht –
das Singen vieler Winde
Die Tage schaukeln still

Der Wald / Das Holz

Mit gelbem Lack steht
der Buchstabe des Mondes
auf das schwarze Blech
des Himmels angeschrieben
Und der Rauch von Wolken
wischt am Kopf des Waldes

Die Keilschrift der Bäume
wogt knarrend Hin und Her
Die tiefhängenden Äste haben
Zeichen in den Lehm gekratzt
Dort steht die Nacht geschrieben

SCHREIN

Altgewordene Künstler
in einem altgewordenen Café
Mit einem einzelnen Heftpflaster
auf den Herrenklo-Kacheln
Schäbiges Rokoko

Die Innenwände des Schankraumes
lächeln aus einem kaum messbaren
Photokonvolut

Die gelblichen Zähne altgewordener Künstler
auf historischem Photopapier unter Glas
(legendenumrankt) auf der Blümchentapete
Die Tresenfrau mit Staub überpudert
eine orthodoxe Madonnenfigur

Jetzt im Nachtzug zu sitzen
der sich die Hochbahngleise entlangnagt
Jetzt im Nachtzug nach Warschau zu sitzen
wäre besser

BRÜSSEL

Hier wächst der Prunk
und klettert an den Hausfassaden
bis an die Firste über denen sich
der Himmel streckt und knackt
wie ein Gerüst aus Schulterblättern

Hier trinken Wermutbrüder Wermut
und murmeln leis *Merci beaucoup*
zu jedem greisen Pflasterstein

Hier gibt es Plätze die nur flüstern
vom Lebenslauf der Rosskastanien
An einem dieser Plätze scheint
die Sonne in das Hospital *Artaud*
Gesundheitsstätte – *Sanitaire mental*

Hier im Hotel liegt gelbes Licht
auf schattengelben Zimmerwänden
Scherenschnitte vieler Fenster
ausgeschnitten von der Sonne

FAHRTWIND

Überm U-Bahn-Schacht
treiben die Sterne
Ein Rasseln der Schienen
Station um Station
ein Fahrkartenwind

Zurückbleiben

In die Winkel der Augen
quoll uns die Nacht
Dein weicher Mund
die Schenkel geöffnet
Als ich gegangen war
durch meine Augenspiegel

LANDPARTIE

Zur Stadt hinaus
Der Himmel ist weit
über staubstummen Bauten
der letzten Dekaden
verzeichnet in den
Orwell'schen Bildbänden
in archäologischen Instituten
im Pumpwerk der Stadt
in den tiefsten Archiven

Schneisen durch
das Land gehackt
zwischen Distelfeldern
und elektrischen Koppeln
Im Zentrum ein Reh
springendes Fleisch zwischen Blüten
Nicht mehr als schale Erinnerung
an verregnete Nachmittage
in dörflichen Lichtspieltheatern

Angenagte Mäusekadaver
auf den Kanten von Holzgattern

GEWIMMEL

Kaltes Tal
Der Strahl des Baches rinnt
kehlig gurgelnd zwischen Felsen
Das Glitzern der Gischt
Das Gleißen der Gletscher
zwischen den Bergen
Kaltes Tal

Dann durch den Waldkörper
Gewimmel grüner Blätter
Jenseits der Hohlwege
astgrüne Geister
im Flirren der Blätter
im blattgrünen Regen

STILLLEBEN

Ich erinnere Landschaften
Das Licht wechselt nie
dort auf dem herbstlichen Karst
auf ausgedörrtem Barock
mit dem letzten Schnee in den Furchen
Oder war es der Erste

Ich erinnere Felder
und dazwischen Höfe geduckt
An der getünchten Wand
eine Regentonne gestützt
Der Rost an dem Eisen
seit Jahren im Rostblumenschlaf

Und da sind noch
die leeren Panzer von Krebsen
am Grunde der Tonne

Ich erinnere Pfützen
zwischen den Wirtschaftsgebäuden
Und Schlieren von Wolken
die in den Pfützen treiben
und Wellen schlagen
ganz leicht gekräuselte Wellen

An den Zäunen stehen Fenster
alte Fenster in Stapeln
ausgehängt, beiseitegeschafft
Und dahinter in den Himmel
zwei Vögel geschnitten
schwarz, bewegungslos

Ich erinnere Landschaften
Das Licht wechselt nie
die Zeit wechselt nie

8. Eisen

KNOCHENRICHTUNG

In einer 20-Watt-Nacht
deck ich die Lichter ab
Vom Garten kriecht die Erde

In einer 20-Watt-Nacht
rollen sich die Finger auf
entgegen ihrer Knochenrichtung

Der Himmel rieselt leicht:
matt schwarzer Kalk

Am Ende meines Körpers angelangt
schalt ich das Ätherrauschen ab
das meine Brust aufbläht

Sex

Ihre Kalkhaut gesprenkelt
mit Sommersprossen (ausgelöscht)
und Leberflecken (ausgelöscht)
(vom Kalk)

Diese glasharten Knochen
Diese Säure im Schoss

Die Haut vom Sonnenmesser
in die Laken gestrichen

Die Haare Spinnenbeine
zwischen meinen Beinen

Ihr Mund Die Lippen
zerrissen von Feldfurchen
Da wächst kein Wort

TOTMACHER

Die Geister schwimmen
in meinem Blut
Die Mordlust fingert
und flüstert Lieder
Ein Takt der im Kopf
an die Schädelwand tickt

Wie ein Kratzen

Es kreischen Gedanken
hinter den Augen
Ich liebe dich jetzt
Ich finde mich nicht
Das Fleisch klebt weich
und locker am Spaten

Bratenfett

Wenn der Kopf ausgeschabt ist
Und dir die Schaben aus
den hohlen Ohren kriechen

Dann sitzt du im Küchenraum
mit ausgelutschten Augen
und zerplatzten Wurstfingern
von denen das Fett auf
die kühlen Fliesen
tropft

NACHTGEBET

Die Nacht schon sitz ich
und schlag ein Eisenstück aufs Herz
damit es weiterschlägt

Die Nacht ist klein und grau

Richte mir ein Bett aus Schlamm
Deck mich zu mit Dreck
Der Herrgott gibt's den Seinen

9. Schauermärchen

MORITAT

Schwarze Schatten, schwarze Hunde
auf dem Platz vorm Restaurant
in dem auf den Tellern liegen
Herzen, schwarz auf Porzellan
Die Beilagen am Tellerrand
sind Licht und Dunkelheit

In der Küche schlägt der Koch
schon wieder Schweine tot
Wir trinken zu dem schweren Takt der Knüppel
Drumska aus den Flaschen, aus den Bechern
und aus winzigkleinen Fingerhüten
Und hören jetzt den Koch erneut
wie er seine Hühner rupft
mit sehnenlosen Hühnerarmen

Herzen braten in den Pfannen
in der Küche, in der weißen
in der weißgefliesten Küche
braten Herzen schwarz und süß
Schwarze Hunde, schwarze Schatten
vor dem Restaurant am Platz

Hinterhaus

Wenn die Nacht über mein Haus gekommen ist
scheint es immer drei Uhr morgens hier zu sein
und Männer schleichen durch den Hausflur

Die Lampen flackern in der Küche
im Rauchabzug rascheln die Ratten
oder was man dafür halten könnte

Im Treppenhaus schleichen die Männer
hinauf zum Dach dem Mond entgegen

In meinem Zimmer bewegt sich sacht
der weißlackierte Boden – die Füße
in den roten Lederschuhen sinken dann
dem Haus in seinen roten Schlund

Von draußen her schmiegt sich das Rauschen
aller Städte an den Rauverputz der Wände
es perlt das Leben an den Mauern ab

Und in dem Hausflur rotten sich
die Männer mit den Messern dicht zusammen
Es riecht nach Gift aus allen Ritzen

WIND

Ich fraß im Traum
Berge von Fleisch
Berge von Fleisch
fraß ich im Traum
und lächelte dabei

Der Wind vorm Haus
rau und roh
fegte die Bilder aus
fegte die Höfe aus

Ich saß im Traum
zwischen den Wänden
rau und roh
aus gelbem Klinker

Ich saß und fegte
mir die Bilder aus
rau und roh das Fleisch
in meinen Händen

10. Zirkelschluss

SONNE

Wenn wir einmal alt sein werden
könnten wir die Falten zählen
auf den Blättern auf den Gräsern
einer Wiese die vorm Haus
langsam sachte Wellen schlägt
Und die Sonne auf den Wolken
ist gefüllt mit Licht und Trubel

Wenn wir einmal sterben werden
werden wir ans Haus uns schmiegen
und die warmen Bretter spüren
in den Rücken in den alten
und die Sonne auf den Planken
der Terrasse zu den Füßen
unserer Körper ja die Sonne
wird uns scheinen in die Augen
und uns blenden und das weiße
Rauschen brennen in die Herzen
die uns so verknittert liegen
in den hochgezurrten Leibern

Handlinien

Draußen blühen die Kirschen
aber nicht in deinem Hinterhof
da tippeln die Tauben
zwischen den Steinen
und suchen nach Brot
Das Brot liegt im Kasten
in der Küche der Kindheit
neben Öl, Wein und Salz
Sonnenblumenöl ist das
und Sonne scheint auch
durch die verhangenen Fenster
Gardinenverhangen, sonnengelb
Sonntagmorgens um Neun

Der da steht in der Küche bist du
im Alter von zweieinhalb Jahren
und du prüfst mit der Hand
der kleinen, auf der noch kaum
die Schicksalslinien eingegraben sind
prüfst du die glänzende Fläche
Derweil Mutter und Vater noch
schlafen im Schlafraum
dem wassergrün schattigen
Derweil du prüfst mit der Hand
das heiße Metall der Platte mit der
Hand das Plätteisen, *heiß* sagt
es in dir, es ist heiß, das bin *ich*

Inhalt

0. Nullpunkt

Saatgut · 9
O. T. · 10

1. Nachtbrand / Tagasche

Kammermusik · 13
Zwischen dem Taktschlag · 14
Pergament · 15
Schlaflied · 16
Tagelied I · 18
Tagelied II · 19
Tagelied III · 20
Fetzen · 21
Blindband · 22
Das Zimmer / Die Jahre · 23
PulsSchlag · 24

2. Im Winter

I · 27
II · 28
III · 29
IV · 30

3. Betrachtungen im Holozän

Und das Gestern · 33
Betrachtungen im Holozän · 34
Homo Sapiens Sapiens · 35
Für Ariadnes irre Schwester · 37
Muspilli-Jetzt · 39

Dakota-Territorium, 1863 · 40
Abstieg · 41
Hundsbeat · 42
Homunkulus · 43

4. IkonoCluster

Pathologie · 47
Ikone · 48
Liebeslied · 49
WeißMilch · 50
Selbstlos · 51

5. Im Sog der Volljährigkeit

Gedächtnisprärie · 55
Jahrmarkt · 56
Vampyr · 57
GrellSein · 58
Nächster Halt · 59
Letzte Bestellungen · 60
Unermüdlich · 61

6. AquaMarin

Seemannslied · 65
Schiffsjunge · 66
Überfahrt · 67
Am Meer · 68

7. Wanderlust

Im Schilf · 71
Der Wald / Das Holz · 72
Schrein · 73

Brüssel · 74
Fahrtwind · 75
Landpartie · 76
Gewimmel · 77
StillLeben · 78

8. Eisen

Knochenrichtung · 81
Sex · 82
Totmacher · 83
Bratenfett · 84
Nachtgebet · 85

9. Schauermärchen

Moritat · 89
Hinterhaus · 90
Wind · 91

10. Zirkelschluss

Sonne · 95
Handlinien · 96

Dank an Björn Kuhligk
und Ulrike Draesner